AF337729

L'ESPRIT RÉPUBLICAIN

ET LA

GUERRE AUX ULTRAMONTAINS

> Nous avons voulu l'unité dans la liberté, mais méfions-nous des prétendues libertés qui mettent en péril l'unité nationale.　JULES FERRY.
>
> *(Discours prononcé à la Sorbonne.)*

PARIS

LÉON VANIER, LIBRAIRE - ÉDITEUR

19, quai Saint-Michel, 19

1879

L'ESPRIT

RÉPUBLICAIN

ET LA

GUERRE AUX ULTRAMONTAINS

> « Nous avons voulu l'unité dans la liberté, mais méfions-nous des prétendues libertés qui mettent en péril l'unité nationale. JULES FERRY.
> *(Discours prononcé à la Sorbonne.)*

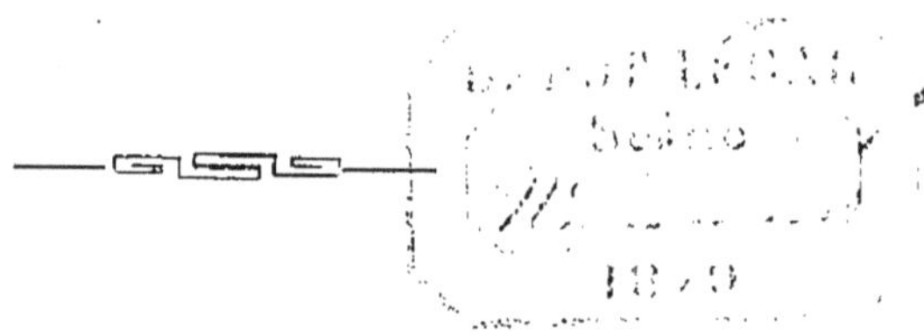

PARIS

LÉON VANIER, LIBRAIRE – ÉDITEUR

19, quai Saint-Michel, 19

—

1879

PARIS. — IMPRIMERIE MOTTEROZ

31, rue du Dragon.

L'ESPRIT RÉPUBLICAIN

Républicains, ayons le courage de nous dire, entre nous, quelques bonnes et utiles vérités.

Tout semble nous réussir ; nous sommes bien assis, nous sommes enfin chez nous, et cependant, avouons-le, nous éprouvons un certain malaise, nous ne sommes contents qu'à la surface.

Nos journaux ont pris le masque de la gaieté, ils s'appliquent à chasser toute inquiétude, ils vantent la force de la République ; mais on ne fait point de bonne politique avec des réclames ; on n'ensevelit pas la vérité sous des phrases.

Oui, le mécanisme républicain est achevé ; oui, la République est un corps ; mais où est l'âme ?

Je sais bien que nous sommes devenus sages et très sages même.

Le temps est loin où de faux démocrates entraînaient facilement de sincères et solides républicains dans des entreprises insensées ; mais, avec la *naïveté* républicaine, n'avons-nous point perdu aussi l'*esprit républicain* ?

Nous ne donnons plus au pays des représentations ré-
volutionnaires, et cela est fort heureux ; cependant nous
sommes infidèles à la tradition républicaine, ce qui est
un mal.

Nos pères tenaient en échec le jésuitisme tout en res-
pectant l'Évangile ; ils s'indignaient avec Voltaire et ils
aimaient Jésus ; ils chantaient le *Dieu des bonnes gens*
de Béranger et saluaient le curé de village ; ils avaient le
sentiment de la justice et rencontraient toujours le sentiment populaire. Ils détestaient le fanatisme ; ils étaient
hommes de bon sens.

Aujourd'hui, nous partons en guerre contre le jésuitisme, sans avoir mesuré ses forces, sans même les soup-
çonner, parce que le suffrage universel, — qui n'est pas
la souveraineté nationale, qui est l'un des modes de cette
souveraineté, — nous a donné raison hier. Ce succès nous
remplit d'une confiance trop grande ; je crains que nous
ne soyons pas prêts pour cette grande lutte contre le césarisme religieux, je crains un Sedan dans cette guerre contre l'ultramontanisme. Je remarque le chiffre énorme des
abstentions dans les élections où le radicalisme triomphe
avec autant de bruit que de facilité ; je me tiens pour très
averti par le succès des bonapartistes Niel et Godelle.

Je sais bien qu'on mettra sous mes yeux le tableau des
forces de la Révolution : un président de la République
véritable Lincoln français, un ministère républicain com-
posé de ministres qui se sont mis à la besogne. En effet,
le ministre de l'intérieur et des cultes défend le Concordat
avec talent et, ce qui vaut mieux encore, avec une grande
droiture ; — le ministre de l'instruction publique défend
l'unité morale de la nation ; — le ministre de la marine

donne aux colonies ce qu'elles attendaient depuis le commencement de ce siècle : la liberté ; — le ministre des travaux publics est un homme de génie ; — les autres ministres travaillent et sont dignes de leurs collègues. Je sais bien encore que nos journaux républicains sont vendus à un très grand nombre d'exemplaires, que les musiques militaires jouent la *Marseillaise* et que les conseils municipaux inaugurent solennellement le buste de la République.

Et cependant je ne suis point satisfait.

A la passion cléricale, opposons-nous une autre passion, noble celle-là, la passion de la Justice selon l'esprit républicain ? Rendons-nous la République sensible, palpable? Nous la faisons aimable sans la faire aimer.

Non, nous ne sommes que des négateurs indifférents et mous; nous sommes énervés par les doctrines matérialistes ; nous sommes faibles devant le jésuitisme, devant le césarisme religieux, parce que l'esprit de sacrifice ne nous anime plus, parce que l'athéisme a combattu la Religion au nom du républicanisme, pour le plus grand dommage de la République, alors que la Raison, la Justice, la Tradition et le respect du sentiment national nous indiquaient une saine politique : combattre le jésuitisme, l'ultramontanisme mis au service des idées monarchiques, au nom des libres croyances du peuple, au nom des coutumes, des idées, des traditions libérales du pays.

Point de phrases sur le laïcisme et le budget des cultes.

Les néologismes et les chiffres ne vont pas au cœur du peuple.

Disons la vérité, disons ceci : un accord funeste s'était établi entre l'ultramontanisme et celui qui fut Napoléon III. Celui-ci avait rendu Rome au Pape, c'est-à-dire les biens de la terre à l'Église. Celle-ci, en retour, lui avait donné la pourpre de César. C'est le grand scandale qui a engendré tous nos malheurs. L'Église a vendu ainsi sa grandeur morale pour conserver une petite force matérielle ; elle a provoqué la juste indignation des hommes de cœur, de ceux qui mettent l'esprit au-dessus de la matière, qui honorent la simplicité et dédaignent le faste mondain, qui aiment par-dessus tout la liberté vraie, la liberté saine.

Et le césarisme religieux rétabli à Rome, le césarisme politique absorbant la France avec toutes ses forces, avec tout ce qui vivait en elle, celui-là a voulu l'emporter sur celui-ci. L'Église romaine a tué l'Église gallicane ; le jésuitisme est entré partout, nos églises ont été envahies par un culte qui n'était pas le leur, dix ans avant l'invasion de notre territoire par les Prussiens, dix années avant l'assassinat de l'archevêque Darboy et de M. Bonjean, les deux seuls sénateurs qui élevèrent la voix au nom des traditions gallicanes. Les démocrates y ont prêté peu d'attention, ils n'ont pas daigné prendre au sérieux cette *chose* religieuse, la substitution du rite romain au rite français dans tous les diocèses, successivement, après chaque victoire de l'ultramontanisme sur notre caractère national et par l'imprévoyance stupide du triste empereur dont la ruine devait s'achever aux pieds des Allemands. C'était donc peu de chose! Seules les bonnes femmes de nos villages, nos paysans qui seront toujours patriotes et religieux et resteront républicains si la République est une grande force morale, éprouvèrent une sorte de malaise en voyant que M. le curé ne mariait plus leurs enfants comme eux-mêmes avaient été mariés. Il y avait des changements dans la cérémonie ; pourquoi? — Parfois, le curé paraissait triste, il répondait, la tête basse : Il le faut, c'est un ordre venu de Rome. Il sentait bien qu'on le diminuait.

Il ne serait plus, désormais, le vrai curé de village, l'homme des traditions populaires se sentant libre devant sa conscience, au milieu de ses paroissiens ; non, il devenait simple soldat dans l'armée jésuitique, placé sous la surveillance du château royaliste ou impérialiste et presque toujours ultramontain.

Nous en sommes là ; les deux césarismes ont produit les abominables résultats que les hommes libres redoutaient, le cœur serré, depuis qu'ils avaient vu le Pontife-Roi victorieux à Rome en 1849, et Bonaparte vainqueur aussi sur les boulevards de Paris.

Le grand désordre moral dont nous souffrons tous, le désordre dans les idées arrivé à ce point qu'on pourrait l'appeler la folie universelle, tel est le résultat des machinations, des actes, des écrits et des discours des césariens depuis trente ans.

Et si l'empire des Bonaparte est à terre, l'empire des jésuites est maître de positions importantes. Ils font peu de bruit, mais pendant que les républicains sont trop fiers de leurs succès et surtout trop confiants dans l'avenir, les petits livres ultramontains vont en tous lieux, et dans le moindre des diocèses, onze cercles catholiques ouvriers ont été créés, depuis trois ans.

Le socialisme catholique contre-révolutionnaire est déjà fortement organisé. Il a enrôlé plus de trois mille industriels dans les associations professionnelles dirigées par des membres des *classes supérieures* — aux termes des règlements de ces sociétés.

Ces mêmes règlements font, aux associés, la recommandation expresse de faire leurs achats chez les marchands catholiques affiliés. C'est la guerre sociale parfaitement organisée.

Et plus l'athéisme sera prêché, plus le sentiment religieux des populations sera froissé, plus grandira l'influence jésuitique. Si une réaction contre l'athéisme et le matérialisme ne se produit pas dans le parti républicain, la République sera surprise. Elle aura son Wissembourg et son Frœschwiller ; des bombes incendiaires éclateront au milieu de ses joies et de ses plaisirs. Il est prodigieux que nous n'ayons pas une conscience plus claire du fanatisme ultramontain à notre époque et des surprises qu'il nous ménage.

La science, quoi qu'on en dise, est impuissante contre ce mal, de même que les médicaments des meilleurs docteurs contre la phtisie pulmonaire.

Au fanatisme, on oppose : quoi? — le néant, la propagation du matérialisme, la négation de Dieu et de l'âme, c'est-à-dire la négation de ce que le peuple ressent jusqu'au plus profond de ses entrailles. C'est laisser brûler, sans secours, sans une goutte d'eau, une maison incendiée.

Au fanatisme, opposons Dieu et la Justice républicaine.

Dieu! c'est-à-dire le Bien absolu, la Justice souveraine, la Beauté idéale.

La Justice républicaine! c'est-à-dire l'écrasement impitoyable des iniquités sociales, la flétrissure constante de l'égoïsme et du charlatanisme, la guerre à l'impureté et le relèvement des humbles.

A l'ultramontanisme, opposons la liberté religieuse, la tradition gallicane et les droits de l'État. La lettre de M. Lepère à l'évêque de Grenoble a rendu plus de services à la cause nationale et républicaine que mille articles de polémique antireligieuse.

Croyez-le bien, les curés de campagne ont lu cette lettre et ils en ont pris bonne note.

Elle a certainement déplu aux prêtres qui ont leur couvert mis à la table du château et font métier de pleurer sur les vices du jour, en vidant un verre de marsala ; mais le bon curé, celui qui est peuple, celui qui ne se fait pas l'ennemi du maire républicain, pour être agréable à madame la baronne, n'est pas fâché de voir tenu en respect l'orgueil épiscopal.

Dites bien à ce bon curé que vous n'êtes pas l'ennemi du presbytère où l'instituteur laïque est reçu en ami et non en sacristain, où l'on ne fait point commerce de médisances contre M. le maire et madame la mairesse ; dites-lui que vous voulez le délivrer de la surveillance des jésuites et des dévotes qui accaparent son église, en font leur petite chapelle particulière avec leurs ornements à elles, ornements tirés de leurs vieilles robes ; dites-lui bien que vous le voulez libre et responsable devant Dieu ; demain, il sera votre allié.

Si nous attaquons indistinctement tous les prêtres, si nous distribuons les injures au hasard, excitant la fureur de tous les croyants, froissant les femmes, même les petites bourgeoises et les fermières, inquiétant sans cesse les consciences, nous serons vaincus dans cette guerre religieuse qui a commencé par le dépôt des projets de lois Ferry. Prenons garde à nous. A une armée bien ordonnée, longuement préparée, nous opposons des masses indisciplinées, mal armées.

Quel but poursuivons-nous ? Sauver l'unité nationale, faire que la France intelligente, la France sortie des écoles ne soit plus divisée en deux camps irréconciliables : le camp du césarisme ultramontain et le camp républicain. — Le caractère des lois Ferry est donc patriotique, conservateur ; les législateurs républicains les voteront ; mais qu'il soit bien établi que l'ultramontanisme seul sera atteint, que la liberté religieuse sortira plus nette, mieux comprise de cette terrible crise, et que les minorités ne seront jamais opprimées. Le parti républicain national ne ferme pas les églises ; il fait flotter le drapeau tricolore à côté du coq gaulois qui surmonte leurs clochers.

Pas d'illusions, mes chers frères en République !

Plaisantez les pétitionnaires catholiques tant qu'il vous plaira ; amusez-vous, puisque le sujet vous semble gai ; pas moins n'en sera que beaucoup de femmes signeront les pétitions contre les lois Ferry.

Et que cela ne vous étonne pas.

Pendant que vous acclamiez les droits de la femme, le jésuite exerçait son influence sur elle, ce qui est plus clair et atteste un sens pratique.

Le jour même, mon pauvre bonhomme, où vous votiez pour un candidat radical à la députation, ou bien pendant que vous suiviez le convoi de M. Thiers, Madame conduisait votre fils au collège d'une congrégation non autorisée.

Elle avait votre consentement.

Vous êtes si faible, si mou, mon cher démocrate de 1870. Vous oubliez facilement vos devoirs de chef de famille pour avoir la paix dans votre ménage. Oh ! vous seriez terrible, intraitable, si Madame vous reprochait de passer vos soirées au cercle, s'il vous fallait quelque peu pratiquer ce beau culte de la famille qui fait les citoyens forts ; mais comme vous voilà souple alors que vous devez décider quelle éducation recevra votre fils.

Aujourd'hui, le député de votre choix reçoit en plein visage un paquet de pétitions de mères de famille. C'est tout simplement une insurrection contre le droit du mari, c'est son autorité contestée, c'est la femme qui se fait presque électeur, se lance tout à coup dans la politique, après avoir tout fait pour entraîner son mari loin du forum.

Et cependant vous voilà tout étonnés, braves gens, comme si vous ne récoltiez pas ce que vous avez semé.

Qu'avez-vous fait pour la femme ? — une seule chose : vous l'avez laissée seule.

Seule auprès du berceau, seule auprès du fils écrivant ses premiers devoirs, seule pendant que vous étiez au cercle ou autre part. Vous n'avez pas su faire égale à la part du citoyen la part du père de famille. Vous avez oublié que la femme est la prêtresse du foyer domestique et doit être aimée, honorée, respectée.

Hors de la vie de famille, pas de salut ; aucune force contre la puissance du moine.

Et la femme malheureuse, la femme opprimée, la femme qui étouffe sous le despotisme d'un coquin ? — A-t-elle vu la République, a-t-elle senti son souffle, comprend-elle qu'elle est la Justice dans le gouvernement des peuples ? — Non ; rien, rien encore. Certes, le rétablissement brutal du divorce serait une faute grande ; mais il y a quelque chose à faire... et à faire même de suite. De nouveaux cas de nullité de mariage doivent être prévus. Le divorce pourrait être prononcé lorsque des époux légalement séparés refuseraient, après un certain nombre d'années déterminé, de se réconcilier ; ou bien encore lorsque des époux séparés à l'amiable auraient contracté des unions illégitimes, consacrées par le temps, et sans que l'un ou l'autre des conjoints légitimes ait protesté contre cette situation.

Bref, le divorce possible mais difficile, le divorce avec force tempéraments remédiant à des désordres qui résistent au temps, aux regrets ou au repentir ; le divorce affirmant la pureté, la sainteté de la vie de famille, au lieu d'y apporter une perpétuelle tentation mauvaise et une cause de trouble de plus.

Voilà ce que commande l'esprit républicain, l'esprit de justice d'accord avec le sentiment populaire.

Et les bâtards? Et les enfants abandonnés? connaissent-ils la République? Ont-ils éprouvé ses bienfaits? — Non ; rien, rien encore.

La recherche de la paternité est toujours interdite, le Code Napoléon est intact.

Ainsi, un homme vit avec une femme depuis plusieurs années; un enfant est né de leur union, cet homme lui dit : Mon fils, et celui-ci lui dit : Mon père. Tout le monde sait cela dans la maison, dans le voisinage, dans le quartier. Mais l'homme disparaît, l'enfant n'a plus de père, c'est légal !

Serait-il donc anormal, et cela exigerait-il beaucoup de séances législatives, de décider qu'en pareil cas la paternité pourra être recherchée et attestée par un certain nombre de témoins, devant le juge de paix du canton ou le président du tribunal civil?

En vérité, faites que la République apparaisse à ceux qui souffrent de l'injustice, aux opprimés; ne les faites point attendre plus longtemps, si vous tenez sérieusement à éviter une réaction terrible.

La presse est libre, ou tout au moins les écrivains ont largement la liberté de courir le risque de subir des peines, lorsqu'ils veulent exprimer leurs pensées.

Des journaux républicains ont été fondés dans tous les départements. Seul, le département des Hautes-Alpes, m'assure-t-on, n'a pas encore un organe républicain.

Il y a plus, certains journaux de province, grands ou petits, sont très bien rédigés, par des inconnus de talent qui ne s'écartent jamais des principes et suivent un programme déterminé. Leurs articles sont étudiés et bien plus dignes d'attention que certains articles publiés dans les journaux de Paris, articles écrits souvent à la hâte, tracés d'une main nerveuse, dictés par un esprit désillusionné ou fatigué, articles où se trahit à chaque ligne l'impression du jour, l'impression qui se manifeste sur le boulevard et autour de la Bourse, et que le journaliste a l'ordre de traduire à la minute, sous la condition d'arriver au kiosque du marchand de journaux avant le concurrent d'en face.

Le journaliste de Paris a la fièvre ; le journaliste de province est en bon air ; son tempérament est solide et son encre n'est pas trop chargée.

Mais le journal électoral menace de tout compromettre : je veux dire le journal que M. X..... a fondé ou va fonder dans la ville de....., pour préparer sa candidature. C'est lui qui fait les fonds et forme un comité de rédaction à son image ; il cherche un rédacteur et le découvre parmi les écrivains qui, pressés par le besoin de vivre, ont perdu la liberté de choisir le genre de travail qui leur paraîtrait le plus digne. Malheur à ce pauvre garçon, s'il a des idées, s'il veut convertir auxdites idées ses douze cents lecteurs ! Son métier est de remplir, chaque jour, les quatre pages du journal, sans jamais froisser les opinions, les intérêts et surtout les rancunes des électeurs futurs de son patron. Pourquoi a-t-il critiqué le dernier discours du député F.....? Il ne sait donc pas que ce député doit appuyer chaudement la candidature du patron? Pourquoi a-t-il fait allusion à la morgue du parvenu K.....? On ne lui a donc pas dit que ce marchand de robinets, dont la fille a épousé un noble ruiné, a promis sa neutralité bienveillante au même patron?

Malheureux! vous vous êtes rendu impossible. Il ne vous restait qu'une faute à commettre, et vous l'avez commise. En véritable honnête homme, en républicain convaincu que la République ne peut être fondée que par la réforme des mœurs, vous avez osé attaquer le café chantant de la ville et en provoquer la fermeture. Les jeunes gens dont les maîtresses sont les chanteuses de ce café, sont furieux contre vous et votre journal... et ils sont électeurs! Vous deviez suivre cette ligne : répéter tout ce que disent les journaux de Paris, ne jamais vous compromettre, ne pas émettre une idée neuve et attendre l'époque des élections. Oh! alors, vous auriez pu déployer tout votre talent de polémiste, *éreinter* à votre aise, insulter, calomnier le concurrent du patron et les amis de ce concurrent et terminer la campagne électorale par un duel! c'était votre rôle, mon cher, et vous n'avez pas su le jouer : passez, voici votre successeur, on le dit très fort à l'épée.

Il est donc vrai que certains journaux dits républicains sont tout simplement des affiches électorales. On n'y tient pas plus aux principes que Bilboquet; on y exalte ou on y bafoue les gens selon le besoin de la candidature.

Parler de la liberté de la presse est bon; savoir se servir dignement de cette liberté est encore meilleur. Et j'ajoute : la multiplication des journaux républicains sera fatale à la

République, si nous ne retrouvons point cette fierté d'allure qui caractérisait les publicistes républicains de la période militante.

Le journaliste républicain doit rester libre. Le jour où il a accepté un programme, aucun candidat, aucun comité, aucun bailleur de fonds n'a le droit de diriger sa plume, de le gêner, de l'entraver, tant qu'il reste fidèle à la ligne politique convenue.

Mettre la liberté du rédacteur au-dessous des besoins d'une candidature ou des intérêts matériels du journal, c'est avilir la presse, c'est amoindrir la cause républicaine.

C'est avilir également la presse que de mettre à la tête des journaux des écrivains à l'humeur batailleuse, des démolisseurs de réputations, au lieu d'hommes politiques sérieux, de bonne tenue, ayant une idée élevée du journalisme.

Le journaliste digne et honnête est tout ensemble un avocat, un professeur et un juge ; tristes citoyens sont ceux qui le transforment en agent électoral.

La majorité de notre Chambre des députés est républicaine, et bien que les républicains dont le talent était éprouvé, plus particulièrement apprécié, soient entrés au Sénat, il y a beaucoup d'hommes de mérite parmi nos élus du suffrage universel direct. D'autres, en trop grand nombre, côtoyent la médiocrité ou l'insuffisance.

C'est que nous ne savons pas encore éviter les sottises.

Il y a trente ans, les riches étaient suspects à la démocratie, le chapeau neuf et l'habit noir étaient des *aristos*. Aujourd'hui, nous tombons dans un autre travers, l'homme qui possède une *belle situation* (sic), c'est-à-dire beaucoup d’argent, est trop souvent préféré à l’homme pauvre dont l’intelligence est supérieure à la sienne. Il y a des élus très riches et fort intelligents; il est bon qu’ils siègent à la Chambre; mais il y a aussi des riches élus pour cause de fortune. Ils usurpent la place du mérite; c’est une calamité de plus.

On ne dit pas : la Chambre compte tant d’orateurs, on pèse ses millionnaires : c’est peu démocratique. Prenez garde que le césarisme souvent adroit ne passe par cette fente, par cette maille brisée.

Supprimons, de grâce, le député homme d’affaires de son arrondissement. Ne continuons pas la députation pour rire du Corps législatif impérial. Le député élu dans tel arrondissement, aux termes de la loi électorale, n’est pas le représentant de cet unique arrondissement, il est le représentant de la France. Il n’a pas le droit de diminuer son mandat, de le restreindre, de se charger des commissions des bons petits électeurs de son endroit. Sa place est au Parlement, elle n’est point dans les corridors des administrations publiques.

Le député de l’arrondissement cessant d’être le député aux complaisances, le député qui s’acquitte bien de ses commissions, le député capable sera recherché. Et si par hasard — tout est possible — ce député n’existe pas au barreau de la ville de X..., ni parmi ses médecins, ni même parmi ses propriétaires, l’instinct électoral, l’instinct du bon recrutement de la Chambre, le découvrira ailleurs.

On en est encore à parler de Paris, cet affreux Paris qui absorbe tout, qui est tout et domine toutes choses ; quelle absurdité!

Tel homme politique de valeur incontestable ne sera

jamais rien, parce qu'il habite Paris, parce qu'il lui sera impossible d'émerger au milieu de tant de célébrités.

Tel avocat de dixième ordre et qui ne rencontrerait pas à Paris trois clients à défendre chaque année, est un grand homme dans la ville où il est né, où il a fait ses études, où il a eu des premiers prix, où il a épousé la fille du gros épicier de la grande place, où il a plaidé pour sa commune contre le marquis de Z..... Il sera tout naturellement député, à moins que nos mœurs électorales ne changent et que nous ne nous disions enfin une bonne fois : chaque député étant un législateur français, faisant des lois applicables à la France entière, un député dont l'action législative est également ressentie sur tous les points du territoire, à Livarot aussi bien qu'à Marseille, nous devons sérieusement rechercher les plus dignes et les plus capables, sur toute l'étendue de la République française, sans faire fi de la richesse, mais en évitant de la mettre au-dessus du talent joint à la loyauté.

Depuis neuf ans bientôt, nous sommes des électeurs républicains, des *manœuvriers* républicains, nous ne sommes pas des citoyens.

L'esprit républicain nous éclaire, il ne nous vivifie pas. Nous n'avons pas cette passion de la justice et de la vérité qui abat les montagnes ; nous sommes en faction derrière les remparts, nous ne tentons aucune sortie ; le peuple attend toujours quelque œuvre éclatante de justice, une réforme qui lui fasse voir et toucher la République. Nous sommes froids, nous sommes trop calmes en face du bien à réaliser ; nous sommes des *ingénieurs* politiques, pas assez des hommes du Droit.

Après avoir péché par trop de sentimentalisme et de sensiblerie, nous sommes maintenant enfoncés dans le matérialisme. Notre horizon n'est pas bleu, il est grisâtre ; notre République a un air ennuyé, on sent qu'elle a peur de ressembler à la jeune fille aux fortes mamelles. C'est une personne convenable, mais rien de plus.

Réveillons-nous donc, agissons et soyons justes.

Dans la guerre entreprise contre le moine plus romain que français, plus monarchiste que catholique, soyons surtout inspirés par un grand amour de la vérité.

Ne combattons point l'ultramontanisme par l'irréligion qui dessèche les cœurs ; opposons-lui la Religion du peuple, celle qui est dans l'air que nous respirons, dans le tempérament et le caractère français.

Prouvons par nos actes plus encore que par nos paroles, combien nous tenons à respecter la liberté religieuse, la liberté de conscience, le droit des minorités.

Ne perdons pas une heure ; allons droit au peuple, droit aux femmes égarées par les ennemis de la République. Disons-leur que les Frères ne perdront pas la liberté d'enseigner et les prêtres non plus, que les lois projetées sur l'enseignement visent seulement l'éducation jésuitique et l'organisation des forces hostiles à la République, sous une apparence religieuse.

Notre gouvernement est sur une voie excellente, nous devons l'y suivre. Pendant que les ultramontains exploitent la Religion au profit des partis monarchiques, effrayent et corrompent les simples, notre ministère assure le respect du Culte et des prêtres.

Toute caricature offensant le clergé est interdite, et quelques journaux belges se plaignent de ce que des livres où sont bafoués les prêtres, sont arrêtés à la frontière française.

Jamais le clergé français n'a été plus libre.

Prouvons aux enragés de l'ultramontanisme qu'ils n'ont pas le droit de crier à la persécution. Il serait juste, il serait aussi habile, de ne plus entraver la liberté des processions ; en bien des villes, elles ont un caractère aussi communal que religieux : c'est une coutume à laquelle les libéraux ne toucheront plus.

N'augmentons pas la rage des ultramontains et ne commettons pas la sottise de leur fournir des armes en blessant le sentiment religieux, à seule fin de réjouir quelques athées ; surtout, ne soyons point fanfarons en face d'une armée solidement organisée, dont l'action n'est point gênée par des fantaisistes ou des généraux de hasard.

Isolons nos adversaires, ayons pour allié le bon sens public.

Soyons Français, soyons républicains, et soyons avec Jésus-Christ comme le peuple est avec lui.

Quoi que vous fassiez, quoi que vous disiez, vous qui voulez identifier l'athéisme à la démocratie, vous qui haïssez l'Évangile, vous n'empêcherez pas l'homme du peuple, l'homme qui aime, de confondre l'Évangile avec l'idée républicaine.

Pourquoi?

C'est parce que Jésus-Christ a mis le Dévouement au-dessus de toutes les grandeurs du monde ; c'est parce que, selon l'Évangile, l'inconnu, le pauvre, le souffrant qui, malgré son obscurité, sa pauvreté et sa faiblesse, puise, au fond de son âme, la force d'être utile à son semblable et de se sacrifier pour lui, est plus grand que les plus grands poètes, les savants illustres et tous ceux qui ont acquis richesse ou renommée.

Ce langage paraîtra étrange à ceux qui vautrent leur

orgueil littéraire dans le *naturalisme* de l'égout, aux chasseurs de portefeuilles ministériels, aux républicains sceptiques, aux libéraux qui n'ont pas le sens du génie national, aux dévots qui matérialisent la Religion et aux philosophes antichrétiens. Peu importe ; c'est le langage du Peuple.

PARIS. — IMPRIMERIE MOTTEROZ

31, rue du Dragon.